Impressum
Verlag: BABADADA GmbH, Nedderfeld 112 , 22529 Hamburg
Geschäftsführer / Verlagsleitung: Harald Hof
Druck: Books on Demand GmbH, In de Tarpen 42, 22848 Norderstedt

Imprint
Publisher: BABADADA GmbH, Nedderfeld 112 , 22529 Hamburg, Germany
Managing Director / Publishing direction: Harald Hof
Print: Books on Demand GmbH, In de Tarpen 42, 22848 Norderstedt, Germany

escola

ትምህርት ቤት

sala de aulas
መማሪያ ክፍል
dividir
ማካፈል
186/2
quadro
ሰሌዳ
pátio da escola
professor
መምህር
papel
ወረቀት
escrever
መፃፍ
caneta
እስክሪብቶ
secretária
መፃፊያ ጠረጴዛ
régua
ማስመሪያ
livro
መጽሐፍ
aluno
ተማሪ

mochila

የጀርባ ቦርሳ

estojo de lápis

የእርሳስ መያዣ

lápis

እርሳስ

afia-lápis

የእርሳስ መቅረጫ

borracha

ላጲስ

bloco de desenho

የስዕል ደብተር

desenho

ስዕል

pincel

የቀለም ብሩሽ

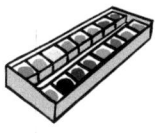

caixa de tintas

የቀለም ሳጥን

tesoura

መቀስ

cola

ማጣበቂያ

livro de exercícios

መልመጃ ደብተር

trabalhos de casa

የቤት ስራ

12

número

ቁጥር

2+2

somar

መደመር

5-2

subtrair

መቀነስ

2×2

multiplicar

ማባዛት

calcular

ቁጥሮችን ማስላት

A

letra

ደብዳቤ

ABCDEFG HIJKLMN OPQRSTU VWXYZ

alfabeto

ፊደላት

hello

palavra

ቃል

texto

ፅሑፍ

ler

ማንበብ

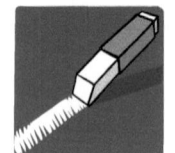

giz

ጠመኔ

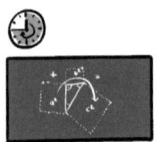

hora

ትምህርት

registo de presenças

ምዝገባ

exame

ፈተና

certificado

ሰርተፊኬት

uniforme escolar

የትምህርት ቤት የደንብ ልብስ

educação

ትምህርት

enciclopédia

አዉደ ጥበብ

universidade

ዩኒቨርስቲ

microscópio

የምርምር አጉሊ መሳርያ

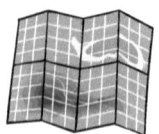

mapa

ካርታ

cesto de lixo

የቆሻሻ ወረቀት መጣያ ቅርጫት

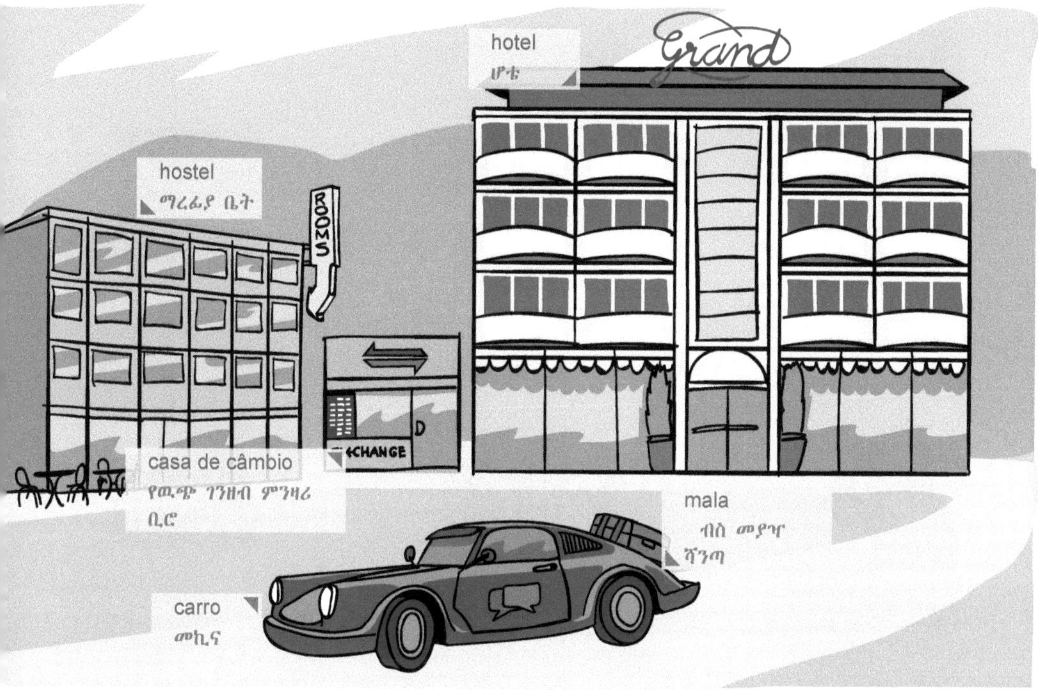

hotel
ሆቴ
Grand
hostel
ማረፊያ ቤት
ROOMS
EXCHANGE
casa de câmbio
የዉጭ ገንዘብ ምንዛሪ ቢሮ
mala
ብስ መያዣ
ሻንጣ
carro
መኪና

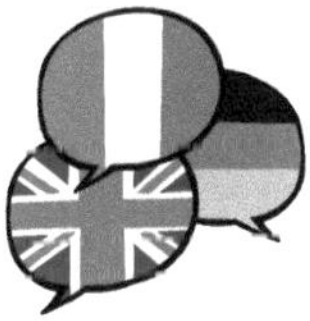

idioma

ቋንቋ

sim / não

አዎ/ አይደለም

ok / certo / correto

እሺ

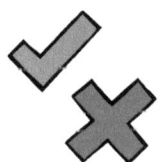

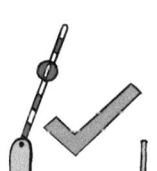

olá

ሰላም

intérprete

አስተርጓሚ

obrigado

አመሰግናለሁ

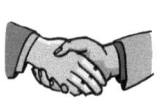

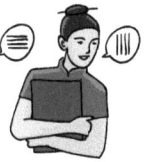

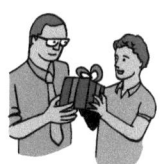

quanto é que custa... ?

ስንት ነዉ.......?

não entendo

አልገባኝም

problema

እክል

boa noite!

እንደምን አመሹ!

Bom dia!

እንደምን አደሩ!

Boa noite!

መልካም ምሽት!

adeus

ደህና ይሰንብቱ

direção

አቅጣጫ

bagagem

ሻንጣ

saco

ቦርሳ

mochila

የጀርባ ቦርሳ

convidado

እንግዳ

quarto

ክፍል

saco-cama

የመተኛ ቦርሳ

tenda

ድንኳን

informação turística

የጎብኚዎች መረጃ

praia

የባህር ዳርቻ

cartão de crédito

ክሬዲት ካርድ

pequeno-almoço

ቁርስ

almoço

ምሳ

jantar

እራት

bilhete

ቲኬት

elevador

አሳንሰር

selo postal

ማህተም

fronteira

ድንበር

alfândega

ባህሎች

embaixada

ኤምባሲ

visto

ቪዛ/የይለፍ ወረቀት

passaporte

ፓስፖርት

transporte

መጓጓዣ

avião
አዉሮፕላን
navio
መርከብ
carro de bombeiros
የእሳት አደጋ መኪና
autocarro
አዉቶብስ
camião
የጭነት መኪና
barco a motor
የሞተር ጀልባ
bicicleta
ብስክሌት
carro
መኪና

cacilheiro

የማመላለሻ ጀልባ

barco

ጀልባ

mota

የሞተር ብስክሌት

carro de polícia

የፖሊስ መኪና

carro de corrida

የዉድድር መኪና

carro alugado

የኪራይ መኪና

carsharing

የመኪና መጋራት

camião de reboque

ጎታች መኪና

camião do lixo

የቆሻሻ ጭነት መኪና

motor

ሞተር

combustível

ነዳጅ

estação de serviço

የቤንዚን ማደያ

sinal de trânsito

የመንገድ ምልክት

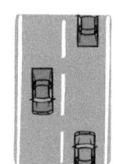

trânsito

የመኪኖች እንቅስቃሴ

congestionamento de trânsito

የመኪና መጨናነቅ

parque de estacionamento

የመኪና ማቆሚያ

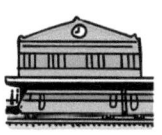

estação ferroviária

የባቡር ጣቢያ

carris

የባቡር ሀዲዶች

comboio

ባቡር

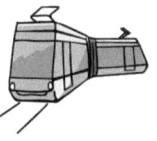

elétrico

የኤሌክትሪክ ባቡር

carruagem

ሰረገላ

helicóptero

ሄሊኮፕተር

aeroporto

አየር ማረፊያ

torre

ማማ

passageiro

መንገደኛ

contentor

ማስቀመጫ፤ ማጠራቀሚያ

caixa de papelão

ካርቶን እቃ ማሸጊያ

carrinho

ጋሪ፤ ተሳቢ

cesto

ቅርጫት

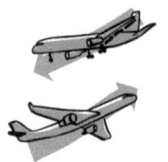

levantar voo / aterrar

መነሳት/ ማረፍ

---

cidade

ከተማ

aldeia

መንደር

centro da cidade

የከተማ ማዕከል

casa

ቤት

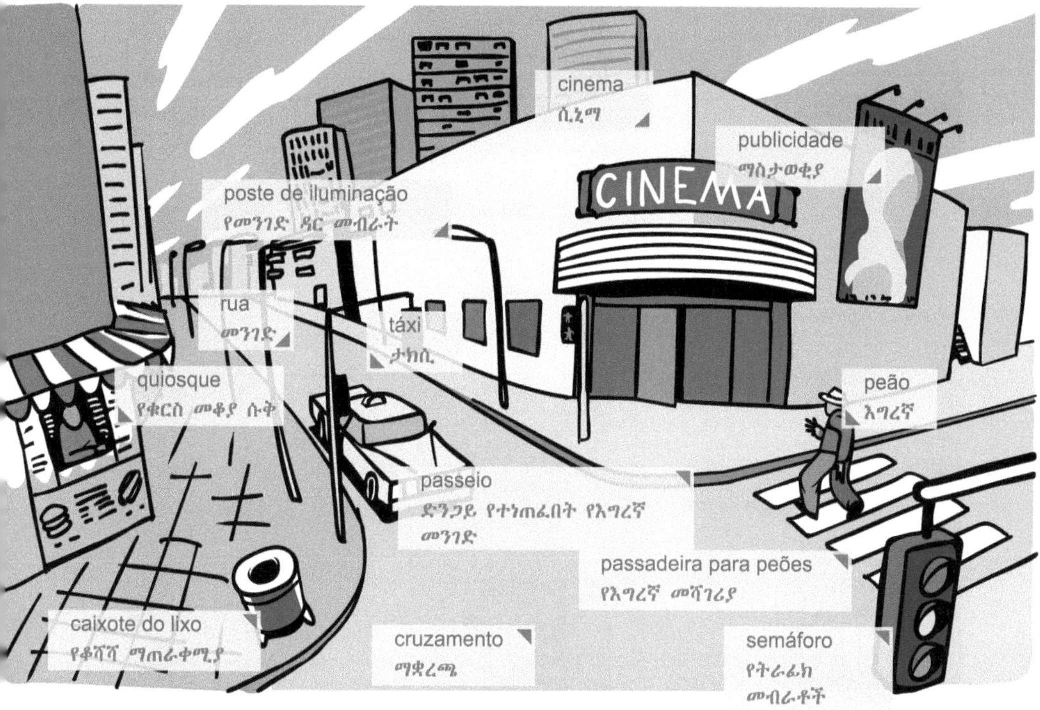

cinema
ሲኒማ

publicidade
ማስታወቂያ

poste de iluminação
የመንገድ ዳር መብራት

CINEMA

rua
መንገድ

táxi
ታክሲ

quiosque
የቁርስ መቆያ ሱቅ

peão
እግረኛ

passeio
ድንጋይ የተነጠፈበት የእግረኛ
መንገድ

passadeira para peões
የእግረኛ መሻገሪያ

caixote do lixo
የቆሻሻ ማጠራቀሚያ

cruzamento
ማቋረጫ

semáforo
የትራፊክ
መብራቶች

cabana

ጎጆ

apartamento

አፓርታማ

estação ferroviária

የባቡር ጣቢያ

câmara municipal

የከተማ አዳራሽ

museu

ቤተ መዘክር

escola

ትምህርት ቤት

universidade

ዩኒቨርስቲ

banco

ባንክ

hospital

ሆስፒታል

hotel

ሆቴል

farmácia

መድሐኒት ቤት

escritório

ቢሮ

livraria

መፅሐፍ መሸጫ

loja

ሱቅ

florista

የአበባ መሸጫ

supermercado

የሸቀጣ ሸቀጥ መደብር

mercado

ገበያ ስፍራ

loja de departamentos

መደብር

peixaria

የዓሳ ነጋዴ

centro comercial

የገበያ ማዕከል

porto

ወደብ

parque

መናፈሻ ቦታ

banco

አግዳሚ ወንበር

ponte

ድልድይ

escadas

ደረጃዎች

metro

ዉስጥ ለዉስጥ

túnel

ዋሻ

paragem de autocarro

የአዉቶቡስ ፌርማታ

bar

ባር

restaurante

ምግብ ቤት

caixa de correio

የፖስታ ሳጥን

sinal de trânsito

የመንገድ ምልክት

parquímetro

የመኪና ማቆሚያ ሒሳብ የሚያሰላ ማሽን

jardim zoológico

የደር እንስሳት ማቆያ

piscina

የመዋኛ ገንዳ

mesquita

መስጊድ

quinta

እርሻ

poluição

የሚበከል ነገር

cemitério

መቃብር ስፍራ

igreja

ቤተ ክርስቲያን

parque infantil

መጫወቻ ሜዳ

templo

ቤተ መቅደስ

paisagem

መልከዓምድር

folha
ቅጠል
placa de sinalização
የመንገድ ላይ ምልክት
caminho
መንገድ
prado
አረንጓዴ መስክ
pedra
ድንጋይ
árvore
ዛፍ
caminhantes
በእግሩ የሚጓዝ
rio
ወንዝ
relva
ሳር
flor
አበባ

vale

ሸለቆ

montanha

ኮረብታ

lago

ሀይቅ

floresta

ጫካ

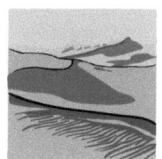

deserto

በረሃ

vulcão

እሳተ ገሞራ

castelo

ግምብ

arco-íris

ቀስተ ዳመና

cogumelo

እንጉዳይ

palma

የቴምብር ዛፍ/ ዘንባባ

mosquito

ቢንቢ/ የወባ ትንኝ

mosca

በራሪ

formiga

ጉንዳን

abelha

ንብ

aranha

ሸረሪት

besouro

ጢንዚዛ

sapo

እንቁራሪት

esquilo

ሽኮኮ

ouriço

ጃርት

lebre

ጥንቸል

coruja

ጉጉት ወፍ

pássaro

ወፍ

cisne

የዉሃ ዳክዬ

javali

ከርከሮ

veado

አጋዘን

alce

አጋዘን

barragem

ግድብ

turbina eólica

በነፋስ የሚሽከረከር

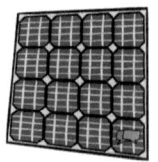

painel solar

የፀሀይ ፓኔሎ

clima

አየር ንብረት

restaurante

ምግብ ቤት

empregado de mesa
አስተናጋጅ
menu
ማዉጫ
cadeira
ወንበር
sopa
ሾርባ
pizza
ፒዛ
talheres
toalha de mesa
የጠረጴዛ ጨርቅ

entrada

የምግብ ፍላጎትን የሚከፍት ምግብ

prato principal

ዋና ምግብ

sobremesa

ማጣጣሚያ ተከታይ ምግብ

bebidas

መጠጦች

comida

ምግብ

garrafa

ጠርሙስ

fast food

ፈጣን ምግብ

comida de rua

የመንገድ ምግብ

bule de chá

የሻይ ማንቆርቆሪያ

açucareiro

የስኳር እቃ

porção

ድርሻ

máquina de café expresso

የቡና ማፊያ ማሽን

cadeira alta

ባለጌ ወንበር

conta

የክፍያ ደረሰኝ

bandeja

ትሪ

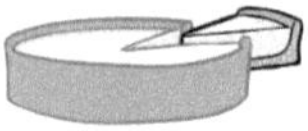

faca

ቢላዋ

garfo

ሹካ

colher

ማንኪያ

colher de chá

የሻይ ማንኪያ

guardanapo

ልብስ ምግብ እንዳይነካ የሚረዳ ጨርቅ

copo

ብርጭቆ

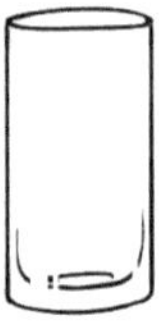

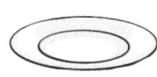

prato

ዝርግ ሰሀን

prato de sopa

የሾርባ ጎድጓዳ ሰሀን

pires

የስኒ ማስቀመጫ

molho

ማጣፈጫ ስጎ

saleiro

የጨዉ እቃ

moinho de pimenta

የተፈጨ ቃሪያ

vinagre

ኮምጣጤ

óleo

የምግብ ዘይት

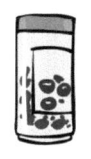

especiarias

ቀመማ ቅመሞች

ketchup

የቲማቲም ድልህ

mostarda

ሰናፍጭ

maionese

ማዮኒዝ

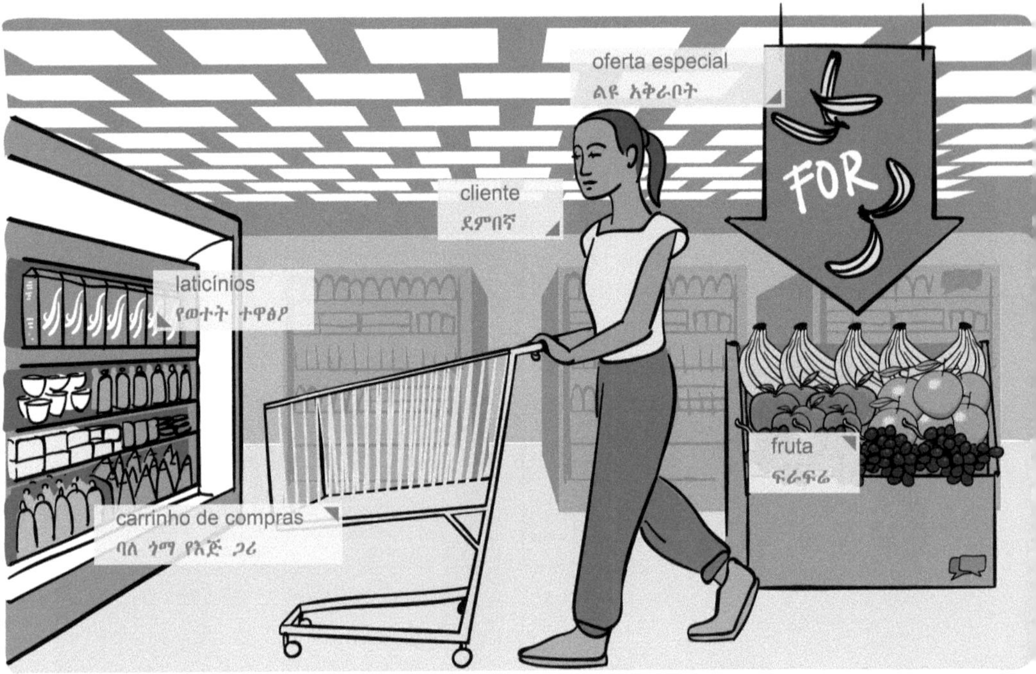

oferta especial
ልዩ አቅራቦት
FOR
cliente
ደምበኛ
laticínios
የወተት ተዋፅዖ
fruta
ፍራፍሬ
carrinho de compras
ባለ ጎማ የእጅ ጋሪ

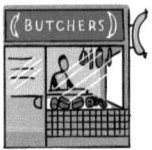

BUTCHERS

talho

ሉካንዳ ነጋዴ

BAKERY

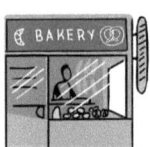

padaria

መጋገርያ

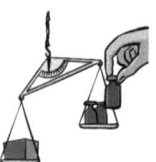

pesar

ክብደት መመዘን

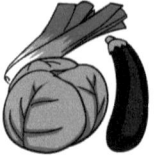

vegetais

ቅጠላ ቅጠል አትክልት

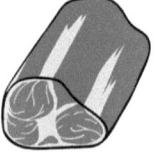

carne

ስጋ

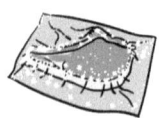

alimentos congelados

የቀዘቀዘ/የረጋ ምግብ

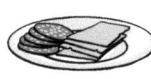

charcutaria

ቀዝቃዛ ቁራጭ

comida enlatada

የታሸገ ምግብ

detergente em pó

የማጠቢያ ዱቄት

doces

ጣፋጮች

artigos domésticos

የቤት ዉስጥ ዉጤቶች

produtos de limpeza

የፅዳት ምርቶች

vendedora

የሽያጭ ባለሙያ

caixa

የገንዘብ መመዝቢያ ማሽን

caixa

የሒሳብ ሰራተኛ

lista de compras

የግዢ ዝርዝር

horário de funcionamento

ክፍት ሰዓታት

carteira

የኪስ ቦርሳ

cartão de crédito

ክሬዲት ካርድ

saco

ቦርሳ

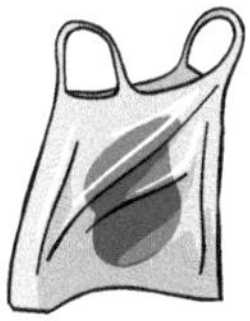

saco de plástico

የፕላስቲክ ቦርሳ

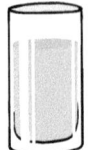

bebidas

መጠጦች

ágúa

ውሃ

sumo

ጭማቂ

leite

ወተት

coca-cola

ኮካ-ኮላ

vinho

ወይን

cerveja

ቢራ

álcool

አልኮል

cacau

ኮካ

chá

ሻይ

café

ቡና

café expresso

የተፈላ ቡና

capuccino

ካፑቺኖ

banana

መውዝ

maçã

ፖም

laranja

ብርቱካን

melão

ሀብሀብ

limão

ሎሚ

cenoura

ካሮት

alho

ነጭ ሽንኩርት

bambu

ሸምበቆ

cebola

ቀይ ሽንኩርት

cogumelo

እንጉዳይ

nozes

ለዉዝ

talharim

የህፃናት ምግብ

esparguete

ፓስታ

arroz

ሩዝ

salada

ሰላጣ

batatas fritas

የድንች ጥብስ

batatas fritas

ድንች ጥብስ

pizza

ፒዛ

hambúrguer

ዳቦ ዉስጥ በስሱ ተጠብሶ የገባ ስጋ

sanduíche

ሳንድዊች

bife panado

ጥሬ ስጋ

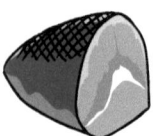

fiambre

የአሳማ ስጋ

salame

በቅመምና በጨዉ የታሸ ምግብ ቀዝቅዞ የሚበላ ሾርባ ምግብ

salsicha

ቋሊማ

galinha

ዶሮ

assado

ጥብስ

peixe

አሳ

flocos de aveia

የአጃ ገንፎ

muesli

ከወተት ጋር ተደባልቀዉ የሚበሉ ምግቦች

flocos de milho

የበቆሎ ቅርፊት

farinha

ዱቄት

croissant

ኩራሳ

carcaça (pãozinho)

ድብልብል ዳቦ

pão

ዳቦ

torrada

መጥበስ

biscoitos

ብስኩት

manteiga

ቅቤ

requeijão

እርጎ

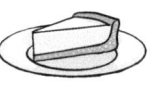

bolo

ኬክ

ovo

እንቁላል

ovo estrelado

እንቁላል ጥብስ

queijo

አይብ

gelado

የበረዶ ክሬም

açúcar

ስኳር

mel

ማር

compota

ማርማላት

creme de nougat

የተናጠ የወተት ክሬም

caril

ማጣፈጫ

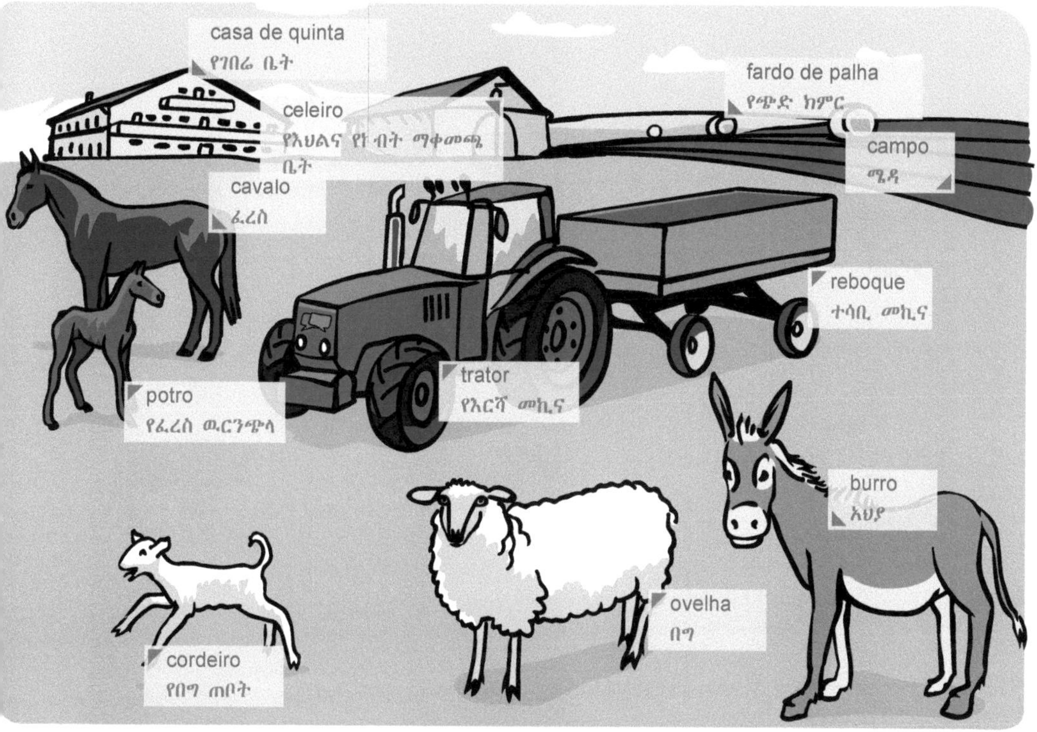

casa de quinta
የገበሬ ቤት

celeiro
የእህልና የ ብት ማቀመጫ
ቤት

cavalo
ፈረስ

fardo de palha
የጭድ ክምር

campo
ሜዳ

reboque
ተሳቢ መኪና

potro
የፈረስ ዉርንጭላ

trator
የእርሻ መኪና

burro
አህያ

ovelha
በግ

cordeiro
የበግ ጠቦት

cabra

ፍየል

vaca

ላም

bezerro

ጥጃ

porco

አሳማ

leitão

ግልገል አሳማ

touro

ኮርማ

ganso

ዝይ

pato

ዳክዬ

pintaínho

የዶሮ ጫጩት

galinha

ዶሮ

galo

አውራ ዶሮ

ratazana

አይጥ

gato

ደድመት

rato

አይጥ

boi

በሬ

cão

ውሻ

casota

የውሻ ቤት

mangueira de jardim

የአትክልት ቦታ

regador

ውሃ ማጠጫ ባልዲ

foice

ረጅም ማጭድ

arado

ማረሻ

foice

ማጭድ

enxada

መኮትኮቻ

forquilha

የእህል መንሽ

machado

መጥረቢያ

carrinho de mão

ኩርኩር/ የእጅ ጋሪ

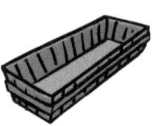

manjedoura

ገንዳ

jarro de leite

የወተት ዕቃ

saco

ጆንያ ከረጢት

cerca

አጥር

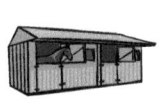

estábulo

የፈረስ ጋጣ

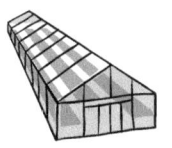

estufa

ዕፅዋት ማሳደጊያ የመስታዉት
ቤት

solo

አፈር

semente

ዘር

fertilizante

የመሬት ማዳበሪያ

ceifeira-debulhadora

ጥምር ማረሻ

colher

አዝመራ መሰብሰብ

colheita

አዝመራ

inhame

ድንች

trigo

ስንዴ

soja

ሶያ

batata

ድንች

milho

በቆሎ

colza

የከብት መኖ

árvore de fruto

የፍሬ ዛፍ

mandioca

የካሳቫ ዛፍ

cereais

እህል

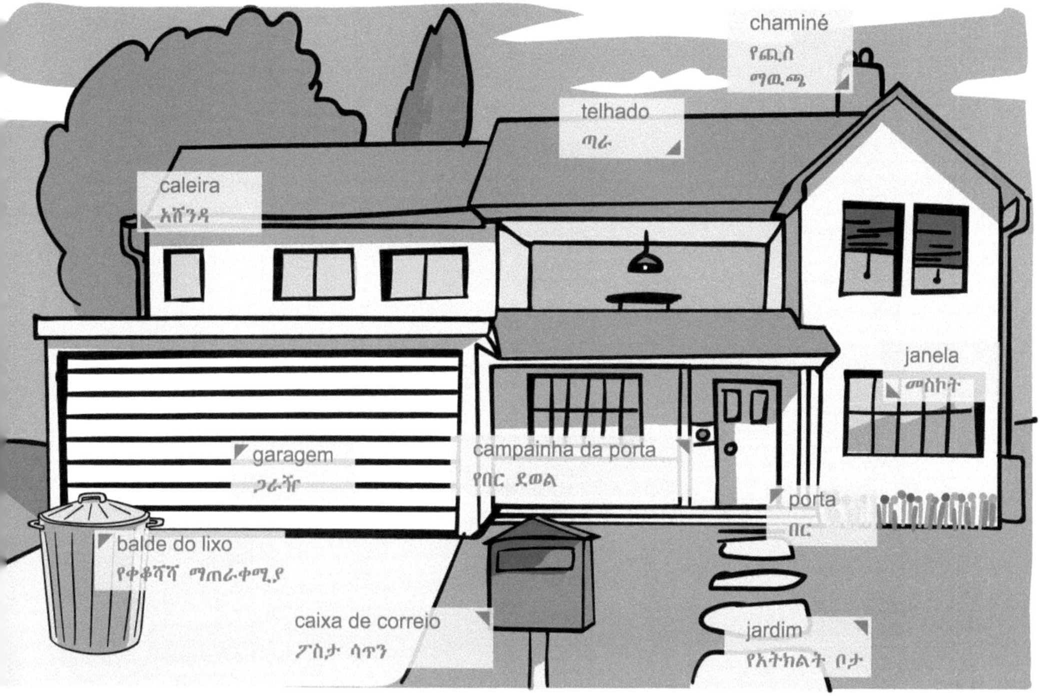

chaminé
የጭስ ማዉጫ

telhado
ጣራ

caleira
አሽንዳ

janela
መስኮት

garagem
ጋራዥ

campainha da porta
የበር ደወል

porta
በር

balde do lixo
የቀቆሻሻ ማጠራቀሚያ

caixa de correio
ፖስታ ሳጥን

jardim
የአትክልት ቦታ

sala de estar
ሳሎን

casa de banho
መታጠቢያ ቤት

cozinha
ማድቤት

quarto de dormir
መኝታ ቤት

quarto de criança
የልጅ ክፍል

sala de jantar
መመገቢያ ክፍል

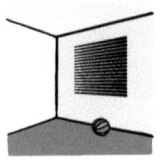

chão

ወለል

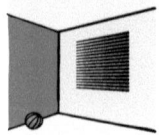

parede

ግድግዳ

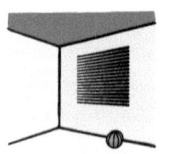

teto

ጣሪያ

cave

ምድር ቤት

sauna

በእንፋሎት ሙቀት መታጠቢያ ቤት

varanda

ሰገነት

terraço

ከፍ ያለ መደብ

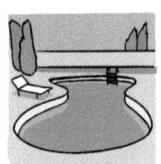

piscina

የመዋኛ ገንዳ

máquina de cortar relvado

የማጨጃ መኪና

lençol

አንሶላ

cobertor

የአልጋ ልብስ

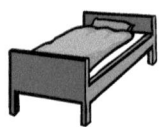

cama

አልጋ

vassoura

መጥረጊያ

balde

ባልዲ

interruptor

ማብሪያና ማጥፊያ

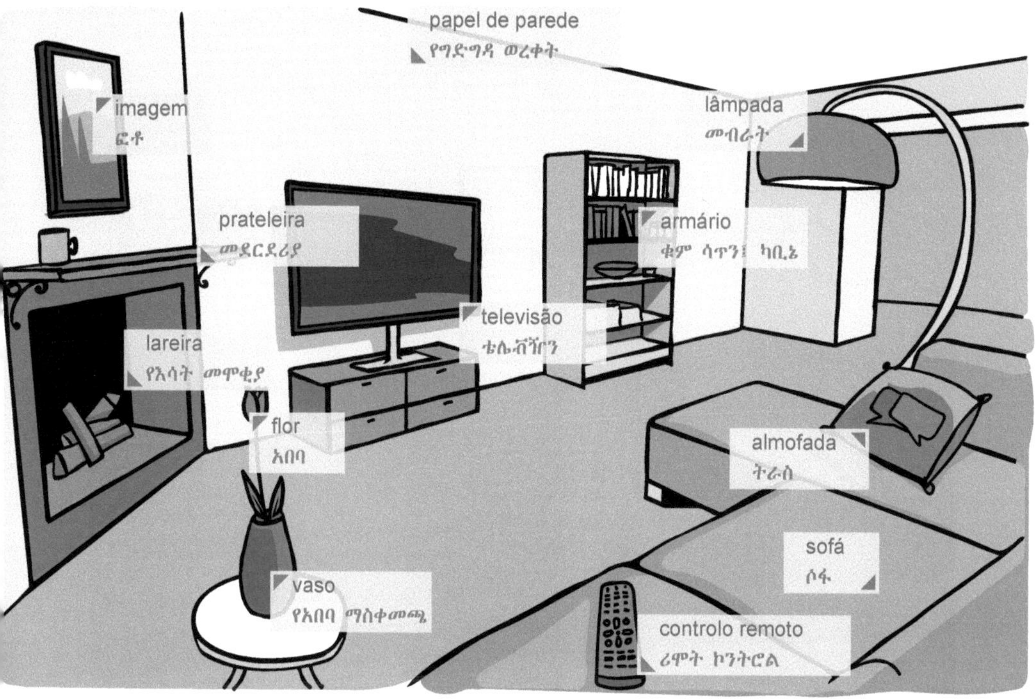

papel de parede
የግድግዳ ወረቀት

imagem
ፎቶ

lâmpada
መብራት

prateleira
መደርደሪያ

armário
ቁም ሳጥን፤ ካቢኔ

televisão
ቴሌቪዥን

lareira
የእሳት መሞቂያ

flor
አበባ

almofada
ትራስ

sofá
ሶፋ

vaso
የአበባ ማስቀመጫ

controlo remoto
ሪሞት ኮንትሮል

tapete
ንጣፍ

cortina
መጋረጃ

mesa
ጠረጴዛ

cadeira
ወንበር

cadeira de baloiço
ተወዛዋዥ ወንበር

poltrona
ባለመደገፊያ ወንበር

livro

መጽሐፍ

cobertor

ብርድ ልብስ

decoração

ጌጥ

lenha

ማገዶ

filme

ፊልም

sistema estéreo

የሙዚቃ መማጫወቻ

chave

ቁልፍ

jornal

ጋዜጣ

pintura

ስዕል

póster

የተለጠፈ ማስታወቂያ እንደ ስዕል

rádio

ራዲዮ

bloco de notas

ማስታወሻ ደብተር

aspirador

የአየር ማፅጃ ለምንጣፍ

cato

ቁልቋል

vela

ሻማ

cozinha

ማድቤት

frigorífico
ማቀዝቀዣ
microondas
ማይክሮዌቭ ምግብ
ማብሰያ
balança de cozinha
የኩሽና መመዘኛ ሚዛን
torradeira
ዳቦ መጥበሻ
detergente
ንፁህ ማድረጊያ
forno
ምድጃ
congelador
ማቀዝቀዣ
balde do lixo
የቀቆሻሻ ማጠራቀሚያ
máquina de lavar louça
እቃ ማጠቢያ

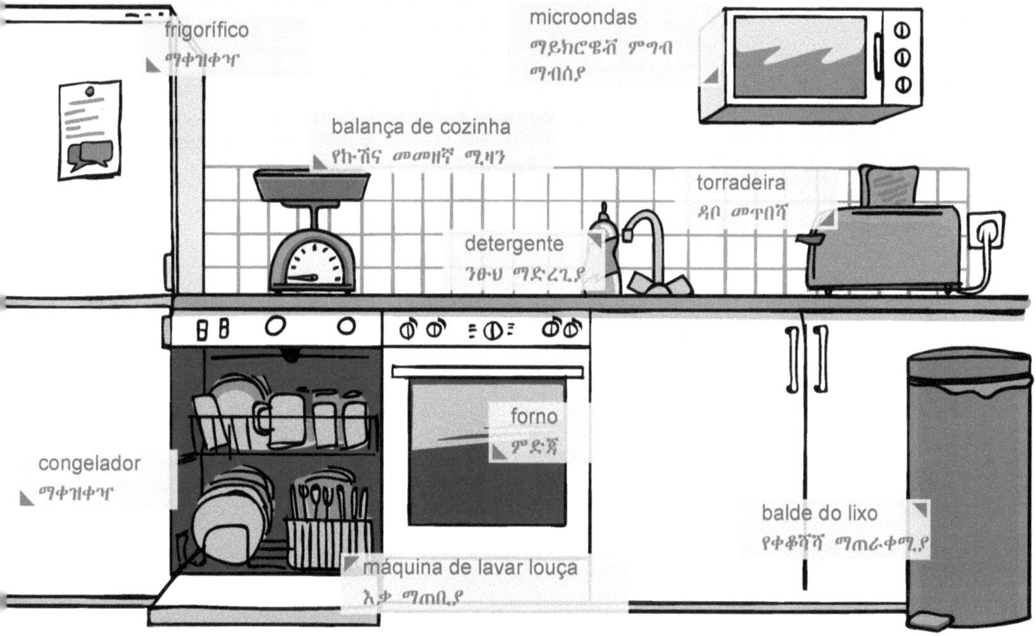

fogão

ምግብ አብሳይ

panela

ማሰሮ

panela de ferro

የብረት ማሰሮ

wok / kadai

ምግብ ማብሰያ ዝርግ ድስት

frigideira

የምግብ መጥበሻ

chaleira

ማንቆርቆሪያ

panela a vapor

የእንፋሎት ማብሰያ

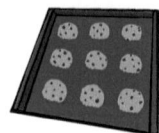

tabuleiro de forno

የመጋገሪያ ትሪ

louça

ሰብስቦች

caneca

ትልቅ ኩባያ

tigela

ጎድጓዳ ሳህን

pauzinhos

ቾፕስቲክስ

concha de sopa

ጭልፋ

espátula

መሰቅሰቂያ ዝርግ ማንኪያ

batedor de claras

ማደባለቂያ

escorredor

መወጠሪያ

peneira

ወንፊት

ralador

መፈርፈሪያ መሳሪያ

almofariz

ሲሚንቶ

churrasqueira

የፍም ጥብስ

lareira

የተለቀቀ እሳት

tábua de cortar

መክተፊያ

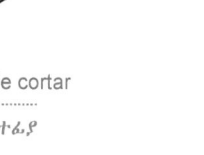

rolo da massa

ተንሸራታች መርፌ

saca-rolhas

የጠርሙስ መክፈቻ

lata

ጣሳ

abridor de latas

የጣሳ መክፈቻ

luvas de forno

የማሰሮ መሸፈኛ

lava-loiça

ሳህን ማጠቢያ

escova

ብሩሽ

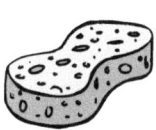

esponja

ስፖንጅ

liquidificador

መደባለቂያ መሳሪያ

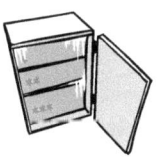

arca frigorífica

በጣም ማቀዝቀዣ

biberão

ጡጦ

torneira

ቧንቧ

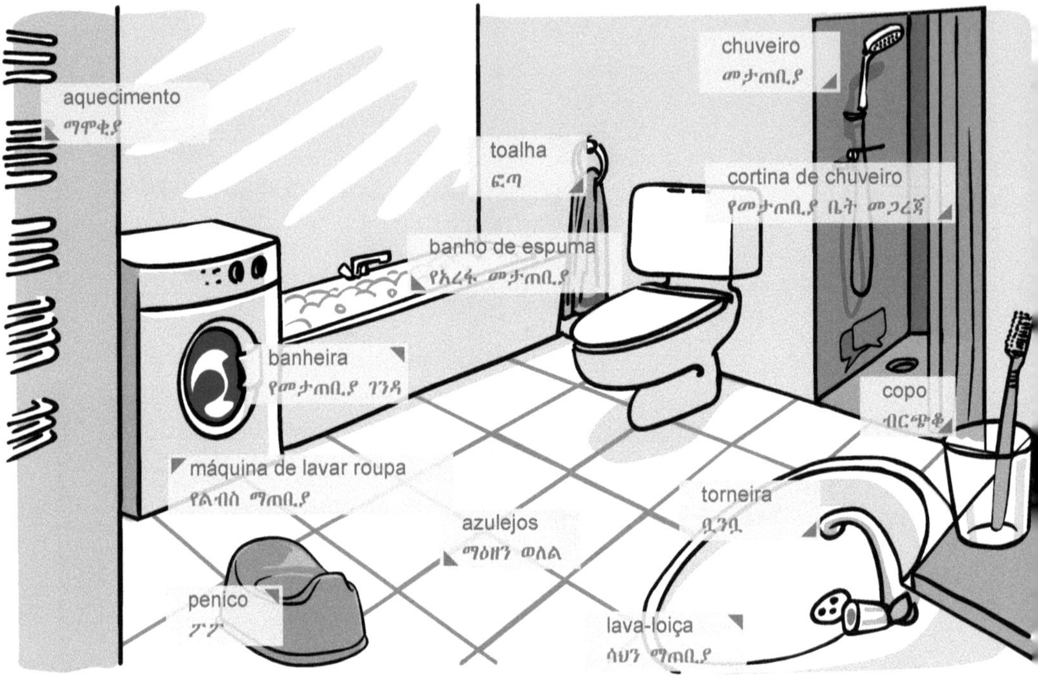

casa de banho

መታጠቢያ ቤት

chuveiro
መታጠቢያ
toalha
ፎጣ
cortina de chuveiro
የመታጠቢያ ቤት መጋረጃ
banho de espuma
የአረፋ መታጠቢያ
banheira
የመታጠቢያ ገንዳ
copo
ብርጭቆ
máquina de lavar roupa
የልብስ ማጠቢያ
torneira
ቧንቧ
azulejos
ማዕዘን ወለል
penico
ፖፖ
lava-loiça
ሳህን ማጠቢያ

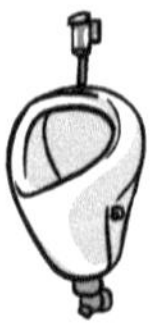

sanita

ሽንት ቤት

retrete turca

የሽንት ቤት መቀመጫ

bidé

ሳፋ

urinol

የመንገድ ዳር መሽኛ

papel higiénico

የሽንት ቤት ወረቀት

piaçaba

የሽንት ቤት ማፅጃ ብሩሽ

escova de dentes

የጥርስ ብሩሽ

pasta de dentes

የጥርስ ሳሙና

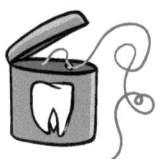

fio dentário

የጥርስ ማፅጃ ክር

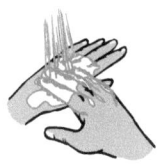

lavar

መታጠብ

chuveiro de mão

የእጅ መታጠቢያ

duche íntimo

መታጠቢያ

bacia

ጎድጓዳ ሳህን

escova para as costas

የጀርባ ብሩሽ

sabonete

ሳሙና

gel de banho

የመታጠቢያ የሚዝለገለግ ሳሙና

champô

የፀጉር መታጠቢያ ሳሙና

toalha de rosto

ለስላሳ ጨርቅ

escoamento

ፍሳሽ

creme

ክሬም

desodorizante

ጠረን መቀየሪያ ንጥረ ነገር

espelho

መስታወት

espelho de mão

የእጅ መስታወት

máquina de barbear

ምላጭ

creme de barbear

የመላጫ አረፋ

loção pós-barba

ከመላጨት በኋላ የሚቀባ ሽቱ

pente

ማበጠሪያ

escova

ብሩሽ

secador de cabelo

የፀጉር ማድረቂያ

spray de cabelo

በፀጉር ላይ የሚነፋ

maquilhagem

የፊት መቀባቢያ

batom

የከንፈር ቀለም

verniz de unhas

የጥፍር ቀለም

algodão

የጥጥ ሱፍ

tesoura para unhas

ጥፍር መቁረጫ

perfume

ሽቶ

nécessaire

....

ማጠቢያ ባልዲ

tamborete

....

መቀመጫ

balança

....

ሚዛን

roupão de banho

....

የመታጠቢያ ልብስ

luvas de borracha

....

የላስቲክ ጓንት

tampão

....

ሞዴስ

penso higiénico

....

የፅዳት ፎጣ

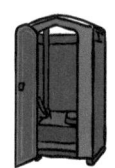

WC químico

....

የሽንት ቤት ኬሚካል

quarto de criança

የልጅ ክፍል

despertador
የማንቂያ ደዉል ሰዐት
peluche
የህፃን አሻንጉሊት
carro de brincar
የመጫወቻ መኪና
chocalho
ማንገጫገጫ መጫወቻ
casa de bonecas
የአሻንጉሊት ቤት
presente
ስጦታ

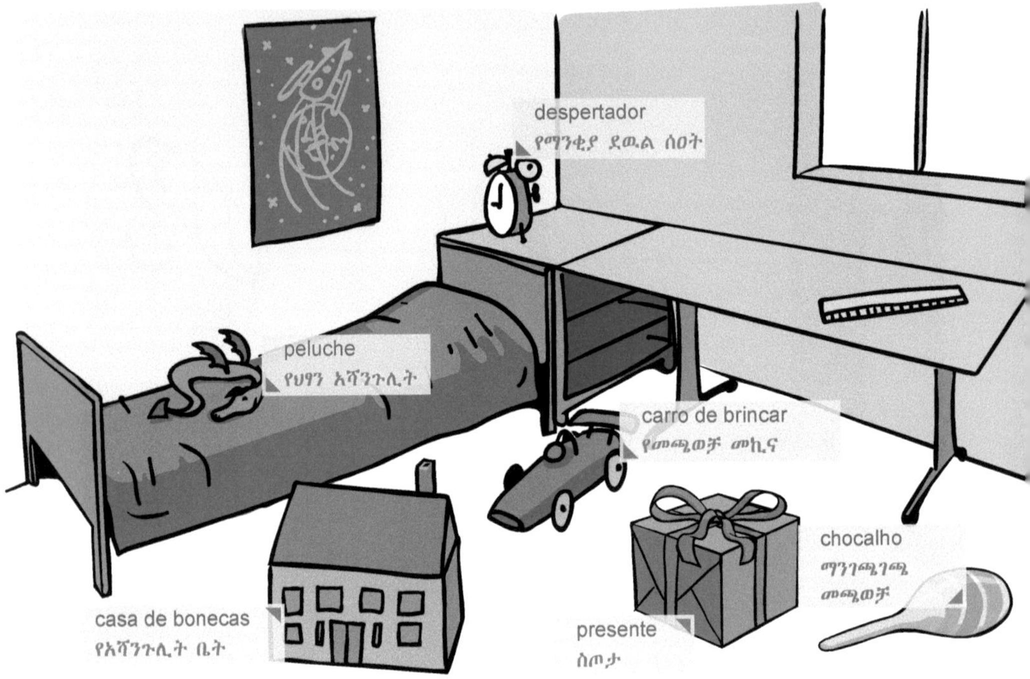

balão

ፊኛ

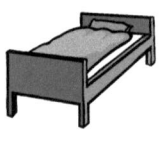

cama

አልጋ

carrinho de bebé

የህፃን ማንሸራሸሪያ ጋሪ

jogo de cartas

የካርታ መጫወቻ

quebra-cabeças

ቁርጥራጭ ምስሎችን የማገጣጠም እና ምስል የማግኘት ጨዋታ

banda desenhada

አዝናኝ

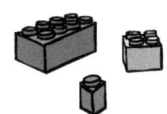

peças de Lego

ተገጣጣሚ መጫወቻ

blocos de construção

የመጫወቻ መገጣጠሚያዎች

figura de ação

የድርጊት ምስል

fato de bebé

የህፃን እድገት

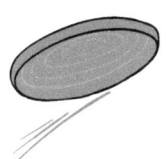

Frisbee

የፕላስቲክ መጫወቻ ዝርግ ሰሀን

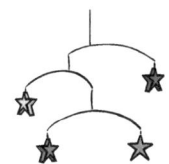

móbile para bebé

ተወዛዋዥ የህፃን ማጫወቻ

jogo de tabuleiro

የሰሌዳ ጨዋታ

dados

የመጫወቻ ጠጠር

pista de comboio elétrico

የመጫወቻ ባቡር

chupeta

የእንጀራ እናት ጡጦ

festa

ድግስ

livro ilustrado

የስዕል መፅሀፍ

bola

ኳስ

boneca

አሻንጉሊት

jogar

መጫወት

caixa de areia

የአሸዋ መጫወቻ

baloiço

ዥዋዥዌ

brinquedos

መጫወቻዎች

consola de jogos

የቪዲዮ መጫወቻ

triciclo

ባለ ሶስት ጎማ ብስክሌት

ursinho de peluche

የአሻንጉሊት ድብ

guarda-roupa

ቁምሳጥን

vestuário

አልባሳት

meias

ካልሲዎች

meias pelo joelho

ስቶኪንጎች

meias-calças

ታይት

cachecol
የአንገት ልብስ

guarda-chuva

t-shirt
ከናቴራ

cinto
ቀበቶ

sapatilhas
ስኒከሮች

botas
ቦቲ

chinelos
የቤት ዉስጥ ነጠላ ጫማ

sandálias

ነጠላ ጫማዎች

sapatos

ጫማዎች

botas de borracha

የዝናብ ቡትስ

cuecas

ሙታንታ

sutiã

ጡት መያዣ

camisola interior

ሰደርያ

body

ሰዉነት

calças

ሱሪዎች

calças de ganga

ጅንስ

saia

ጉርድ ቀሚስ

blusa

ሸሚዝ

camisa

ሸሚዝ

pulôver

የሚጠለቅ ሹራብ

camisola com capuz

ሹራብ

blazer

ዩኒፎርም ጃኬት

casaco

ጃኬት

manto

ኮት

gabardina

የዝናብ ኮት

traje

ልብስ

vestido

ቀሚስ

vestido de casamento

የሙሽራ ቀሚስ

fato

ሱፍ

camisa de dormir

የለሊት ልብስ

pijama

የለሊት ልብስ

sari

ረጅም ቀሚስ

lenço de cabeça

ሂጃብ

turbante

ጥምጣም

burca

ቡርቃ

cafetã

ሽርጥ

abaya

አባያ

fato de banho

የዋና ልብስ

calções de banho

አጭር ቁምጣ

calções

ቁምጣዎች

fato de treino

የስራ ቱታ

avental

ሽርጥ

luvas

ጓንት

botão

ቁልፍ

óculos

መነፅር

pulseira

አምባር

colar

የአንገት ሀብል

anel

ቀለበት

brinco

የጆሮ ጌጥ

boné

ኮፍያ

cabide

የኮት መስቀያ

chapéu

ኮፍያ

gravata

ከረቫት

fecho de correr

ዚፕ

capacete

የብረት ቆብ

suspensórios

መደገፊያ

uniforme escolar

የትምህርት ቤት የደንብ ልብስ

uniforme

የደንብ ልብስ

babete

መሃረብ

chupeta

የእንጀራ እናት ጡጦ

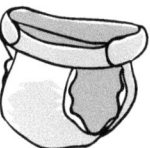

fralda

ሽንት ጨርቅ

escritório

ቢሮ

servidor
ማሰራጫ ጣቢያ
armário de arquivo
የፋይል መደርደሪያ ካቢኔ
impressora
የህትመት መሳሪያ
papel
ወረቀት
ecrã
መቆጣጠሪያ
secretária
መፃፊያ ጠረጴዛ
rato
pasta
ማህደር
teclado
የመፃፊ ቁልፎች
cesto de lixo
የቆሻሻ ወረቀት መጣያ ቅርጫት
computador
ኮምፒዉተር
cadeira
ወንበር

caneca de café

የቡና መጠጫ ትልቅ ኩባያ

calculadora

ማስልያ ማሽን

internet

ኢንተርኔት

computador portátil

ላፕቶፕ

carta

ደብዳቤ

mensagem

መልዕክት

telemóvel

ተንቀሳቃሽ ስልክ

rede

የግንኙነት አዉታር

fotocopiadora

ማባዣ ማሽን

software

ሶፍትዌር

telefone

ስልክ

tomada elétrica

የግድግዳ ሶኬት

fax

የፋክስ ማሽን

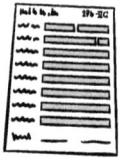

formulário

ቅፅ

documento

ሰነድ

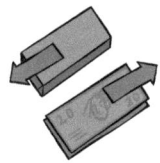

comprar

መግዛት

pagar

መክፈል

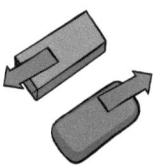

negociar

መነገድ

dinheiro

ገንዘብ

dólar

ዶላር

euro

ዩሮ

yen

የን

rublo

ሩብል

franco suíço

የስዊዝ ፍራንክ

renminbi yuan

ሬንሚንቢ ዩዋን

rupia

ሩጲ

caixa de multibanco

የገንዘብ ነጥብ

casa de câmbio

....

የዉጭ ገንዘብ ምንዛሪ ቢሮ

ouro

....

ወርቅ

prata

....

ብር

petróleo

....

ዘይት

energia

....

ሀይል፤ ጉልበት

preço

....

ዋጋ

contrato

....

ግንኙነት

imposto

....

ቀረጥ

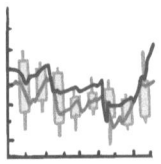

ação

....

አክስዮን

trabalhar

....

መስራት

empregado

....

ተቀጣሪ

entidade patronal

....

ቀጣሪ

fábrica

....

ፋብሪካ

loja

....

ሱቅ

profissões
የስራ ሙያዎች

agente da polícia
bombeiro
የእሳት አደጋ ሰራተኛ
cozinheiro
ምግብ አብሳይ
médico
ዶክተር
piloto
አብራሪ

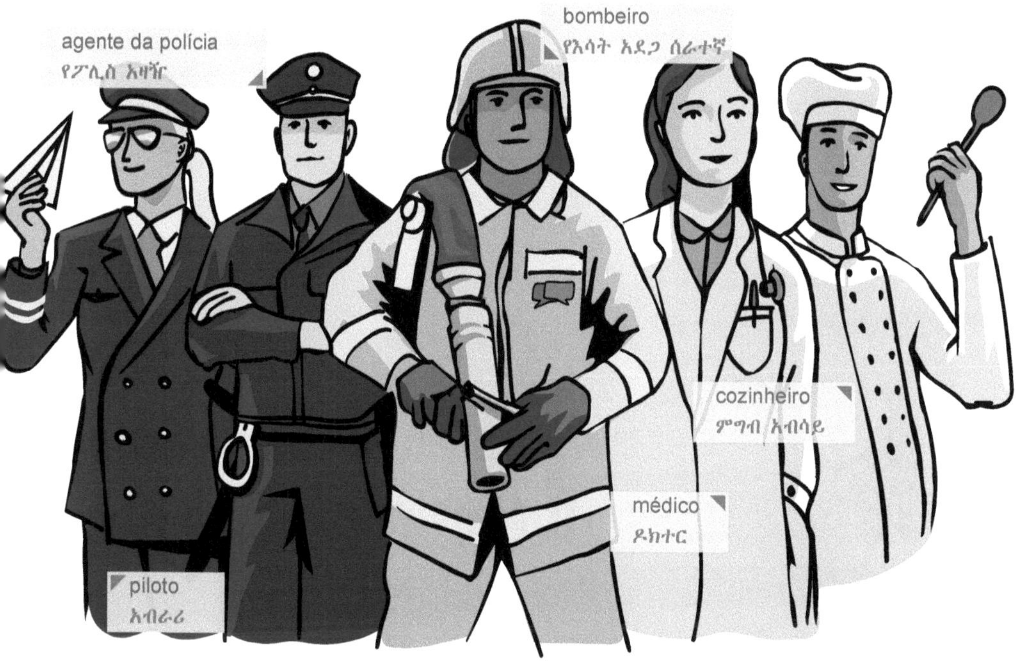

jardineiro
....
አትክልተኛ

carpinteiro
....
አናጢ

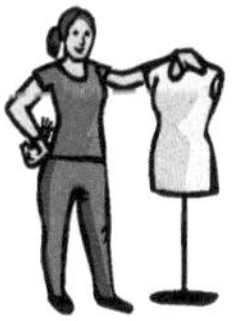

costureira
....
ልብስ ሰፊ ሴት

juiz
....
ዳኛ

químico
....
ቀማሚ

ator
....
ተዋናይ

motorista de autocarro

የአዉቶቢስ ሹፌር

motorista de táxi

የታክሲ ሹፌር

pescador

አሳ አጥማጅ

empregada de limpeza

ፅዳት ሰራተኛ

telhador

የጣራ ሰራተኛ

empregado de mesa

አስተናጋጅ

caçador

አዳኝ

pintor

ሰዓሊ

padeiro

ጋጋሪ

eletricista

የኤሌትሪክ ሰራተኛ

construtor

ገምቢ

engenheiro

መሃሃዲስ

talhante

ልኳንዳ

canalizador

የቧንቧ ሰራተኛ

carteiro

የፖስታ ሰራተኛ

soldado

ወታደር

arquiteto

መሃንዲስ

caixa

የሒሳብ ሰራተኛ

florista

አበባ ሻጭ

cabeleireiro

የፀጉር ሰራተኛ

controlador de bilhetes

ቲኬት ቆራጭ

mecânico

መካኒክ

capitão

ካፒቴን

dentista

የጥርስ ሐኪም

cientista

ተመራማሪ

rabino

መምህር

imã

የሙስሊም ሃይማኖታዊ መሪ

monge

መነኩሴ

pastor

ካህን

ferramentas

መሳሪያዎች

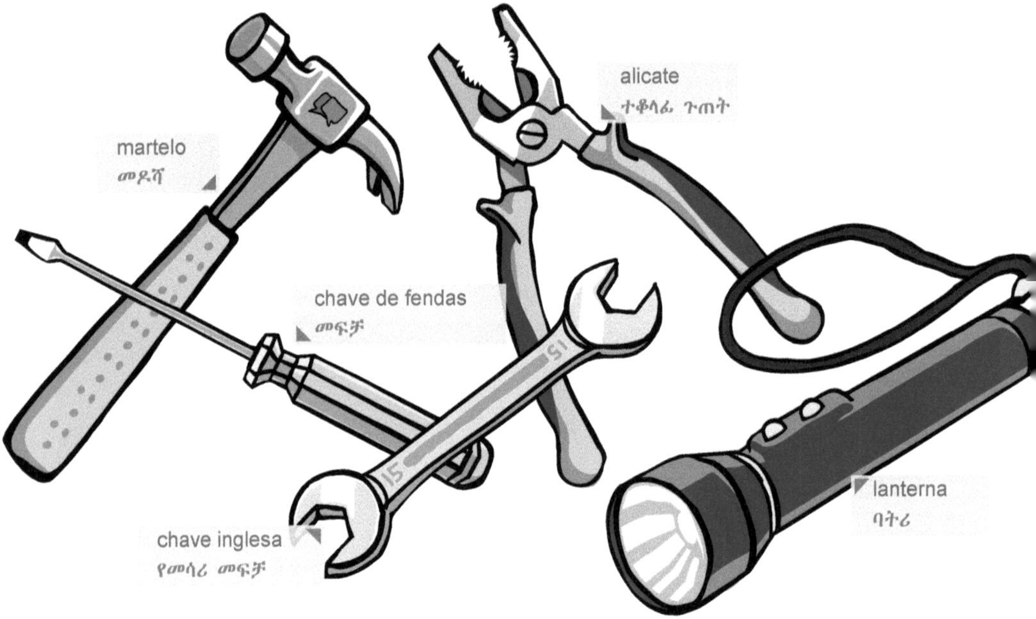

martelo
መዶሻ
alicate
ተቆላፊ ጉጠት
chave de fendas
መፍቻ
chave inglesa
የመሳሪ መፍቻ
lanterna
ባትሪ

escavadora

በቁፋሮ የሚዝቅ

caixa de ferramentas

የመፍቻ ሳጥን

escadote

መሰላል

serra

መጋዝ

pregos

ምስማር

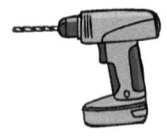

broca

መሰርሰሪያ

reparar

መጠገን

pá

አካፋ

porcaria!

የተረገመ!

pá de lixo

ቆሻሻ ማፈሻ

pote de tinta

የ ለም ቆርቆሮ

parafusos

ሎን

instrumentos musicais

ሙዚቃ መሳሪያዎች

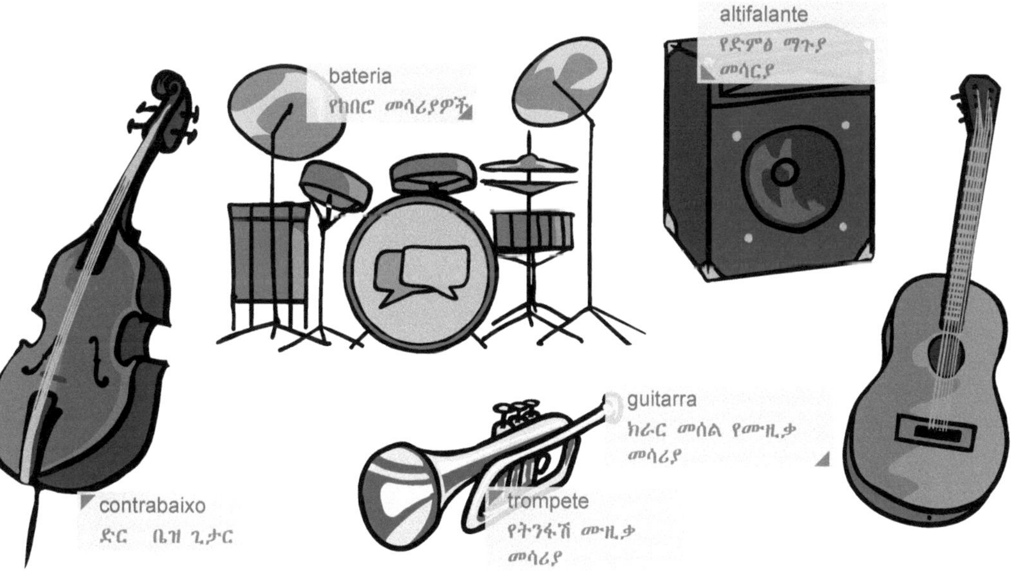

altifalante

የድምፅ ማጉያ
መሳሪያ

bateria

የከበሮ መሳሪያዎች

contrabaixo

ድር ቤዝ ጊታር

trompete

የትንፋሽ ሙዚቃ
መሳሪያ

guitarra

ክራር መሰል የሙዚቃ
መሳሪያ

piano

ፒያኖ

violino

ቫዮሊን

baixo

ወፍራም፤ ጎርናና ድምፅ ያለዉ ክራር መሰል ሙዚቃ መሳሪያ

timbales

ነጋሪት

tambor

ከበሮ

teclado

በኤሌክትሪክ የሚሰራ ፒኖ

saxofone

የትንፋሽ ሙዚቃ መሳሪያ

flauta

ዋሽንት

microfone

የድምፅ ማጉያ

jardim zoológico

የደር እንስሳት ማቆያ

tigre
ነብር
entrada
መግቢያ
gaiola
ሳጥን
zebra
የሜዳ አህያ
ração animal
የእንስሳ ምግብ
panda
ትልቅ ድብ

animais

እንስሳቶች

elefante

ዝሆን

canguru

ካንጋሮ

rinoceronte

አዉራሪስ

gorila

ትልቅ ዝንጀሮ

urso

ድብ

camelo

ግመል

avestruz

ሰጎን

leão

አንበሳ

macaco

ጦጣ

flamingo

ቅልጥመ ረዥም ወፍ

papagaio

በቀቀን

urso polar

የወዋልታ ድብ

pinguim

የዋልታ ወፎች

tubarão

ረጅም ጥርሶች ያሉትአሳ ነባሪ

pavão

ጣዎስ

cobra

እባብ

crocodilo

አዞ

guarda do jardim zoológico

የዱር አራዊት የሚጠበቁበት ማቆያን የሚጠብቅ

foca

አሳ በሊታ የባህር እንስሳ

jaguar

የዱር ድመት

pónei

ድንክ ፈረስ

leopardo

ነብር

hipopótamo

ጉማሬ

girafa

ቀጭኔ

águia

ንስር

javali

ከርከሮ

peixe

አሳ

tartaruga

የባህር ኤሊ

morsa

የባህር አዉሬ

raposa

ቀበሮ

gazela

የሜዳ ፍየል፤ሚዳቋ

desporto
የስፖርት አይነቶች

futebol americano
የአሜሪካ እግርኳስ
ciclismo
የብስክሌት ስፖርት
ténis
ቴኒስ
basquetebol
የቅርጫት ኳስ
natação
ዋና
hóquei no gelo
የበረዶ ላይ የገና ጨዋታ
boxe
የቡጢ ስፖርት

futebol

እግር ኳስ

badminton

የላባ ኳስ ጨዋታ

atletismo

አትሌቲክስ

andebol

የእጅ ኳስ ስፖርት

esqui

የበረዶ መንሸራተት ስፖርት

polo

ፈረስ ግልቢያ

saltar
መዝለል

rir
መሳቅ

abraçar
ማቀፍ

andar
መራመድ

cantar
መዘመር

sonhar
ህልም ማለም

rezar
መፀለይ

beijar
መሳም

escrever
መፃፍ

desenhar
መሳል

mostrar
ማሳየት

empurrar
መግፋት

dar
መስጠት

tomar
መዉሰድ

ter

መያዝ

fazer

ማድረግ

ser

መሆን

ficar de pé

መቆም

correr

መሮጥ

puxar

መሳብ

remessar

መወርወር

cair

መዉደቅ

deitar

መዋሸት

esperar

መጠበቅ

carregar

መሸከም

sentar

መቀመጥ

vestir

መልበስ

dormir

መተኛት

acordar

መንቃት

olhar para

....

መመልከት

chorar

....

ማልቀስ

acariciar

....

መጫር

pentear

....

ማበጠር

falar

....

ማውራት

compreender

....

መረዳት

perguntar

....

ጥያቄ

ouvir

....

ማዳመጥ

beber

....

መጠጣት

comer

....

መብላት

arrumar

....

ማንፃት

amar

....

ማፍቀር

cozinhar

....

ምግብ ማብሰል

conduzir

....

መንዳት

voar

....

መብረር

velejar

መርከብ መንዳት

calcular

ቁጥሮችን ማስላት

ler

ማንበብ

aprender

መማር

trabalhar

መስራት

casar

ማግባት

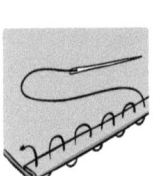

costurar

መስፋት

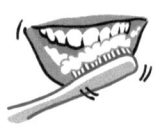

escovar os dentes

ጥርስ መቦረሽ

matar

መግደል

fumar

ማጨስ

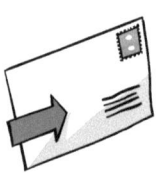

enviar

መላክ

família

ቤተሰብ

avó
የሴት አያት
avô
የወንድ አያት
pai
አባት
mãe
እናት
bebé
ህፃን
filha
ሴት ልጅ
filho
ወንድ ልጅ

convidado

እንግዳ

tia

አክስት

tio

አጎት

irmão

ወንድም

irmã

እህት

corpo

አካል

testa
ግንባር
olho
አይን
ombro
ትከሻ
dedo
ጣት
cara
ፊት
queixo
አገጭ
mão
እጅ
perna
እግር
peito
ጡት
braço
ክንድ

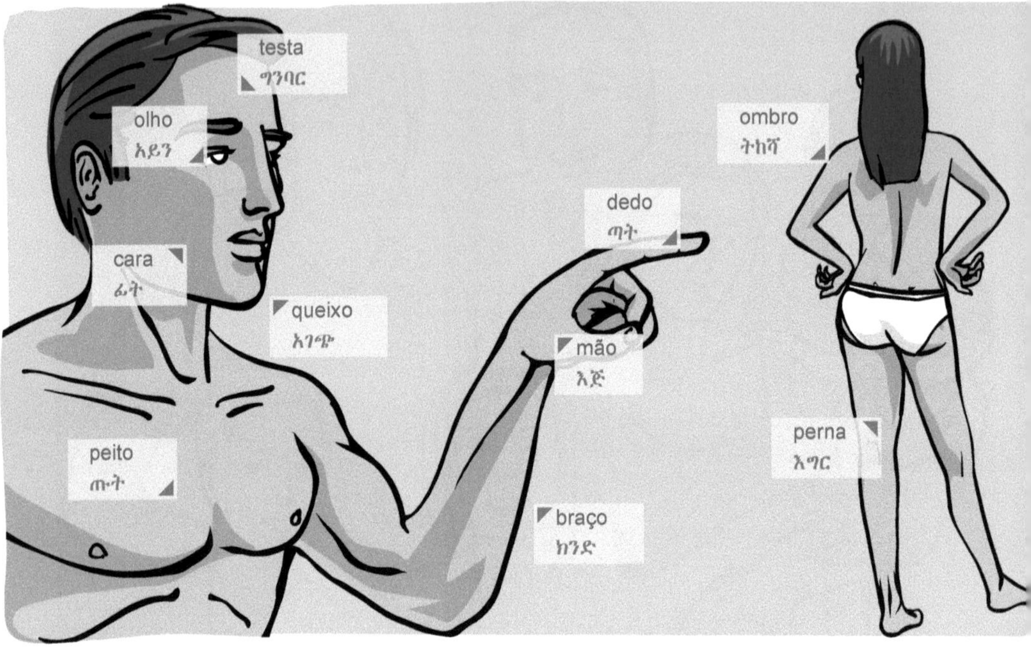

bebé

ህፃን

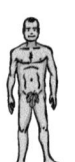

homem

ሰዉ

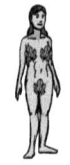

mulher

ሴት

menina

ልጃገረድ

menino

ወንድ ልጅ

cabeça

ራስ

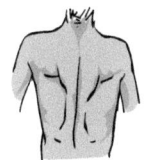

costas

ጀርባ

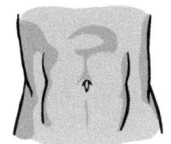

barriga

ሆድ

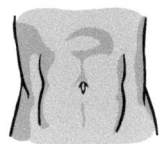

umbigo

እምብርት

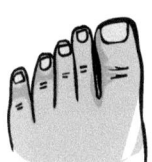

dedo do pé

የእግር ጣት

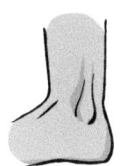

calcanhar

ተረከዝ

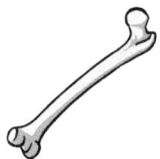

osso

አጥንት

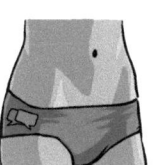

anca

ዳሌ

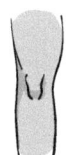

joelho

ጉልበት

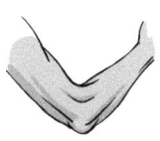

cotovelo

ክርን

nariz

አፍንጫ

nádegas

ቂጥ

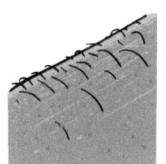

pele

ቆዳ

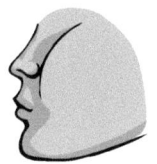

bochecha

ጉንጭ

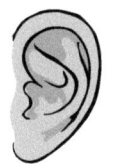

orelha

ጆሮ

lábio

ከንፈር

boca

አፍ

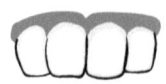

dente

ጥርስ

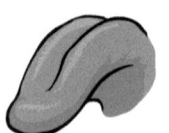

língua

ምላስ

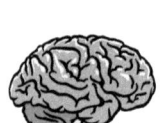

cérebro

አንጎል

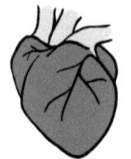

coração

ልብ

músculo

ጡንቻ

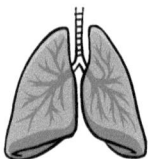

pulmão

ሳምባ

fígado

ጉበት

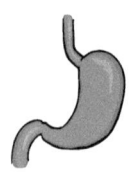

estômago

ሆድ

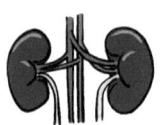

rins

ኩላሊቶች

relações sexuais

የግብረስጋ ግንኙነት

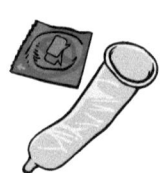

preservativo

ኮንዶም

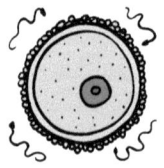

óvulo

የሴት እንቁላል

esperma

የዘር ፈሳሽ

gravidez

እርግዝና

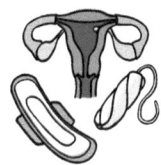

menstruação

....

የወር አበባ

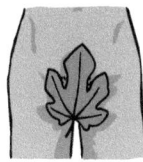

vagina

....

እምስ

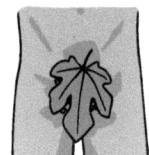

pénis

....

ቁላ

sobrancelha

....

ቅንድብ

cabelo

....

ፀጉር

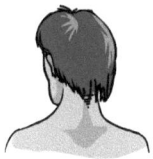

pescoço

....

አንገት

hospital

ሆስፒታል

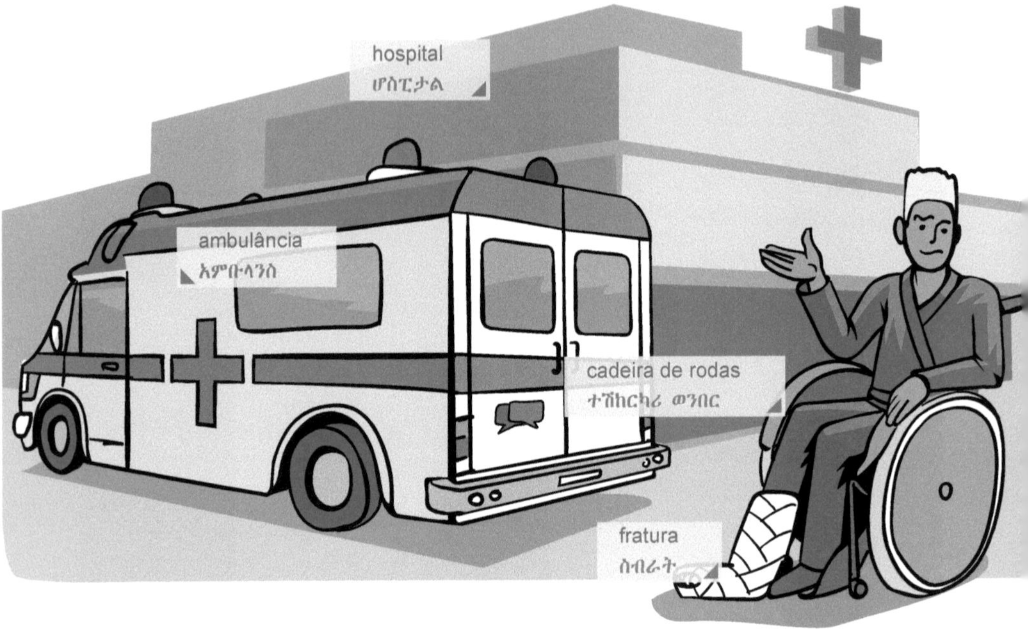

hospital
ሆስፒታል
ambulância
አምቡላንስ
cadeira de rodas
ተሽከርካሪ ወንበር
fratura
ስብራት

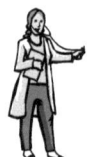

médico

ዶክተር

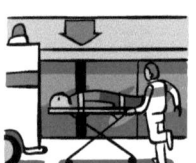

serviço de urgências

ድንገተኛ ክፍል

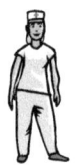

enfermeira

ነርስ

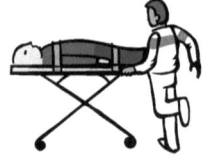

emergência

ድንገተኛ

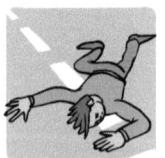

inconsciente

ራስን መሳት/ አለማወቅ

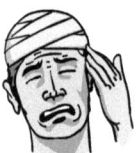

dor

ህመም

ferimento

ጉዳት

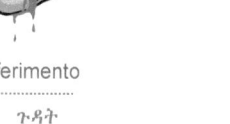

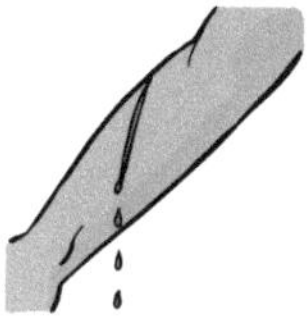

hemorragia

መድማት

ataque cardíaco

የልብ ድካም

acidente vascular cerebral

ስትሮክ

alergia

አለርጂ

tosse

ሳል

febre

ትኩሳት

gripe

ኢ.ንፍሉዌንዛ

diarreia

ተቅማጥ

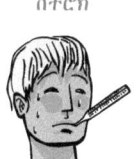

dor de cabeça

የራስ ምታት

cancro

ካንሰር

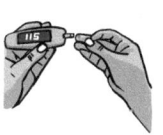

diabetes

የስኳር በሽታ

cirurgião

ቀዶ ጠጋኝ ሐኪም

bisturi

የቀዶ ጥገና ስለት

operação

ቀዶ ጥገና

CT

ሲቲ

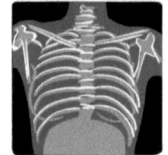

raio x

ኤክስሬዩ

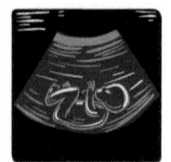

ultrassom

አልትራሳዉንድ

máscara

የፊት ጭምብል

doença

በሽታ

sala de espera

መጠበቂያ ክፍል

muleta

ምርኩዝ

penso rápido

የቁስል ማሸጊያ

ligadura

ፋሻ

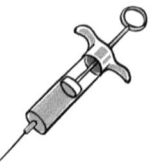

injeção

መርፌ

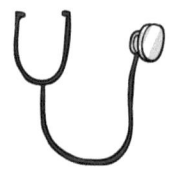

estetoscópio

የልብ ምት ማዳመጫ መሳሪያ

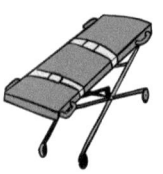

maca

የበሽተኛ አልጋ

termómetro

የህክምና ሙቀት መለኪያ መሳሪያ

nascimento

መውለድ

excesso de peso

ክልክ ያለፈ ክብደት

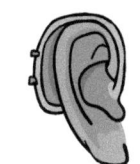

aparelho auditivo

ለመስማት የሚረዳ መሳሪያ

desinfetante

ፀረ ተባይ መድሀኒት

infeção

ማመርቀዝ

vírus

ቫይረስ

HIV / SIDA

ኤች አይቪ ኤድስ

medicamento

ህክምና

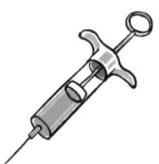

vacinação

ክትባት

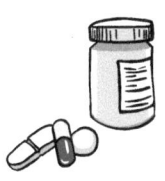

comprimidos

ኪኒን

pílula

ኪኒን

chamada de emergência

አስቸኳይ የስልክ ጥሪ

dispositivo de medição de pressão arterial

ደም ግፊት መቆጣጠሪያ

doente / saudável

ህመም/ ጤንነት

emergência

ድንገተኛ

Socorro!

እርዳታ!

alarme

ማንቂያ ደዉል

assalto

ጥቃት

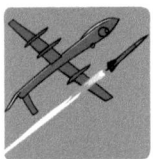

ataque

ድብደባ

perigo

አደጋ

saída de emergência

የድንገተኛ መዉጫ

Fogo!

እሳት!

extintor de incêndios

እሳት ማጥፊያ

acidente

አደጋ

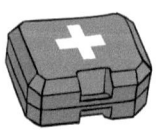

estojo de primeiros socorros

የመጀመሪያ እርዳታ መድሃኒት መያዣ

SOS

ነፍስ አድን

polícia

ፖሊስ

Europa

አዉሮፓ

América do Norte

ሰሜን አሜሪካ

América do Sul

ደቡብ አሜሪካ

África

አፍሪካ

Ásia

እስያ

Austrália

አዉስትራሊያ

Atlântico

አትላንቲክ

Pacífico

ፓስፊክ

Oceano Índico

የህንድ ዉቅያኖስ

Oceano Antártico

አንታርክቲክ ዉቅያኖስ

Oceano Ártico

አርክቲክ ዉቅያኖስ

Polo Norte

ሰሜን ዋልታ

Polo Sul

ደቡብ ዋልታ

Antártica

አንታርክቲካ

terra

ምድር

país

መሬት

mar

ባህር

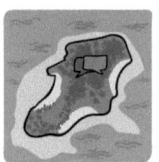

ilha

ደሴት

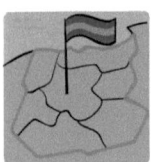

nação

አገርና ህዝብ

estado

መንግስት

relógio

ሰዓት

mostrador do relógio

የሰዓት ገፅታ

ponteiro das horas

ሰዓት

ponteiro dos minutos

ደቂቃ

ponteiro dos segundos

ሴኮንድ

Que horas são?

ስንት ሰዓት ነው?

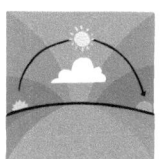

dia

ቀን

tempo

ጊዜ

agora

አሁን

relógio digital

የቁጥር ሰዐት

minuto

ደቂቃ

hora

ሰዓታት

semana

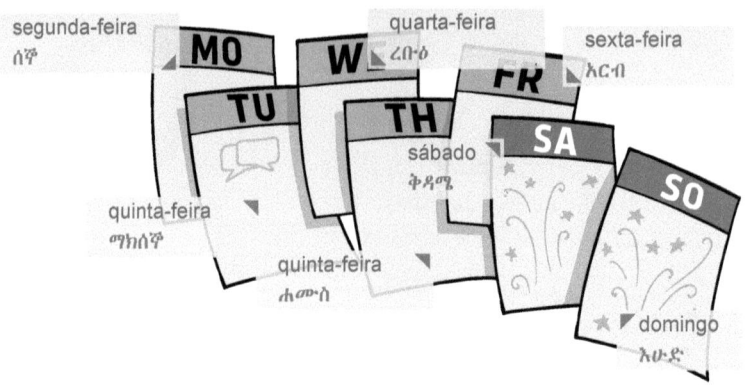

ሳምንት

segunda-feira
ሰኞ
quarta-feira
ረቡዕ
sexta-feira
አርብ
MO
TU
W
TH
FR
SA
sábado
ቅዳሜ
quinta-feira
ማክሰኞ
quinta-feira
ሐሙስ
domingo
እሁድ

1

ontem

ትላንት

2

hoje

ዛሬ

3

amanhã

ነገ

manhã

ማለዳ

meio-dia

ቀትር

entardecer

ምሽት

MO TU WE TH FR SA SU
1 2 3 4 5 6 7
8 9 10 11 12 13 14
15 16 17 18 19 20 21
22 23 24 25 26 27 28
29 30 31 1 2 3 4

dias úteis

የስራ ቀናት

MO TU WE TH FR SA SU
1 2 3 4 5 6 7
8 9 10 11 12 13 14
15 16 17 18 19 20 21
22 23 24 25 26 27 28
29 30 31 1 2 3 4

fim de semana

የዕረፍት ቀናት

80 semana - ሳምንት

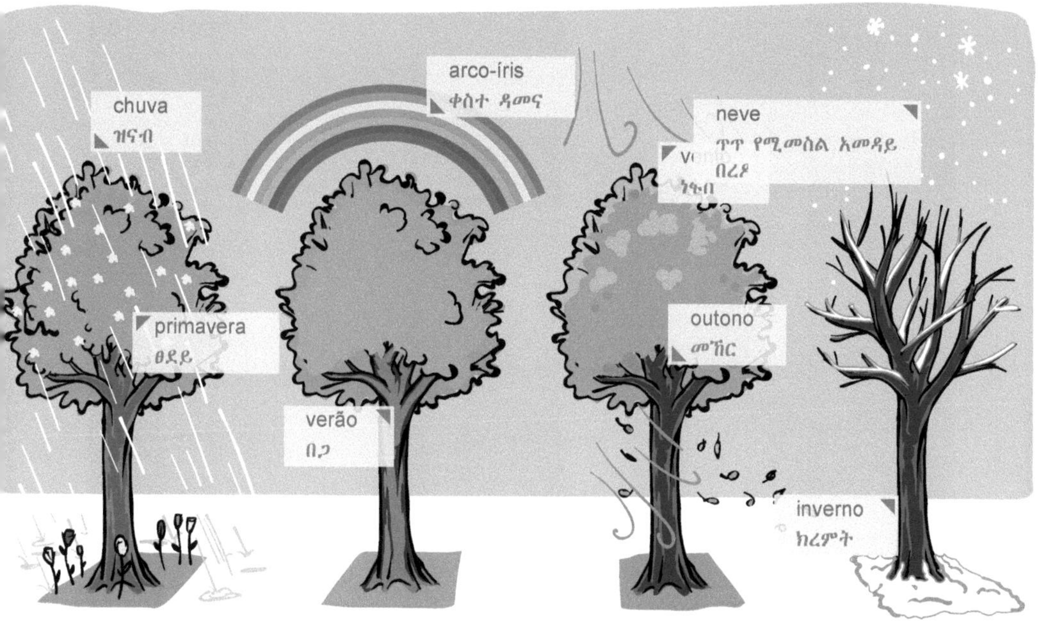

chuva
ዝናብ
arco-íris
ቀስተ ዳመና
neve
ጥጥ የሚመስል አመዳይ
በረዶ
primavera
ፀደይ
verão
በጋ
outono
መኸር
inverno
ክረምት

4.APRIL 11°
5.APRIL 4°
6.APRIL 13°
7.APRIL 8°
8.APRIL 10°

previsão do tempo
የአየር ሁኔታ ትንበያ

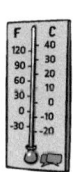

C
0
10
0
-10

termómetro
የሙቀት መለኪያ

raios de sol
የፀሀይ ሙቀት

nuvem
ደመና

neblina / nevoeiro
ጭጋግ

humidade do ar
እርጥበታማነት

relâmpago

መብረቅ

trovão

ነጎድጓድ

tempestade

አዉሎ ንፋስ

granizo

የበረዶ ዝናብ

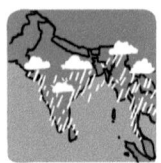

monção

አዉሎ ንፋስ

inundação

ጎርፍ

gelo

በረዶ

janeiro

ጥር

fevereiro

የካቲት

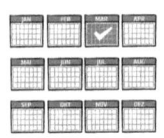

março

መጋቢት

abril

ሚያዚያ

maio

ግንቦት

junho

ሰኔ

julho

ሐምሌ

agosto

ነሀሴ

ano - ዓመት

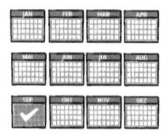

setembro

መስከረም

outubro

ጥቅምት

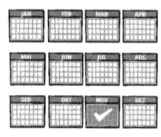

novembro

ህዳር

dezembro

ታህሳስ

formas
ቅርፆች

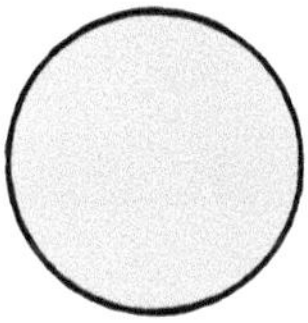

círculo

ክብ

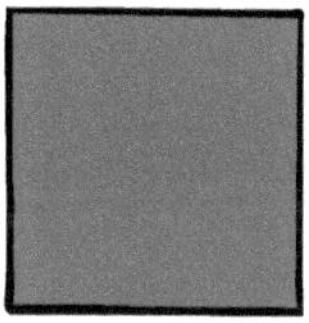

quadrado

አራት ማዕዘን

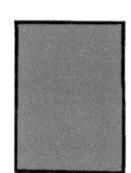

retângulo

አራት ቀጥተኛ ማዕዘኖች ጎኖች
ያሉት ቅርፅ

triângulo

ሶስት ማዕዘን

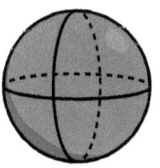

esfera

ሉል

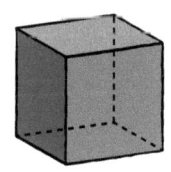

cubo

ስድስት ጎን ያለዉ ቅርፅ

cores

ቀለማት

branco

ነጭ

amarelo

ቢጫ

laranja

ብርቱካናማ

rosa

ሮዝ

vermelho

ቀይ

lilás

ወይን ጠጅ

azul

ሰማያዊ

verde

አረንጓዴ

castanho

ቡኒ

cinzento

ግራጫ

preto

ጥቁር

opostos

ተቃራኒዎች

muito / pouco

....

ብዙ/ ጥቂት

furioso / calmo

....

ንዴት/ እርጋታ

lindo / feio

....

ቆንጆ/ አስቀያሚ

princípio / fim

....

ጅማሬ/ ፍፃሜ

grande / pequeno

....

ትልቅ/ ትንሽ

claro / escuro

....

ደማቅ/ ደብዛዛ

irmão / irmã

....

ወንድም/ እህት

limpo / sujo

....

ንፁህ/ ቆሻሻ

completo / incompleto

....

የተሟላ/ ያልተሟላ

dia / noite

....

ቀን/ ምሽት

morto / vivo

....

የሞተ/ ህያዉ

largo / estreito

....

ሰፊ/ ጠባብ

comestível / não comestível

የሚበላ/ የማይበላ

mau / gentil

ክፉ/ ደግ

entusiasmado / entediado

ደስተኛ/ ድብርተኛ

gordo / magro

ወፍራም/ ቀጭን

primeiro / último

መጀመርያ/ መጨረሻ

amigo / inimigo

ጓደኛ/ ጠላት

cheio / vazio

ሙሉ/ ጎዶሎ

duro / macio

ጠንካራ/ ለስላሳ

pesado / leve

ከባድ/ ቀላል

fome / sede

ረሃብ/ ጥማት

doente / saudável

ህመም/ ጤንነት

ilegal / legal

ህገወጥ/ ህጋዊ

inteligente / burro

ጎበዝ/ ደደብ

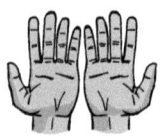

esquerda / direita

ግራ/ ቀኝ

perto / longe

ቅርብ/ ሩቅ

novo / usado

አዲስ/ አሮጌ

nada / algo

ምንም/ የሆነ ነገር

velho / jovem

ሽማግሌ/ ወጣት

ligado / desligado

የበራ/ የጠፋ

aberto / fechado

ክፍት/ ዝግ

baixo / alto

ፀጥታ/ ጫጫታ

rico / pobre

ሃብታም/ ደሃ

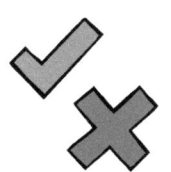

certo / errado

ትክክለኛ/ የተሳሳተ

áspero / liso

ሻካራ/ ለስላሳ

triste / feliz

ሐዘን/ ደስታ

curto / longo

አጭር/ ረዥም

lento / rápido

ዝግተኛ/ ፈጣን

molhado / seco

እርጥብ/ ደረቅ

ameno / fresco

ሞቃት/ ቀዝቃዛ

guerra / paz

ጦርነት/ ሰላም

números
ቁጥሮች

0

zero

ዜሮ

1

um

አንድ

2

dois

ሁለት

3

três

ሶስት

4

quatro

አራት

5

cinco

አምስት

6

seis

ስድስት

7

sete

ሰባት

8

oito

ስምንት

9

nove

ዘጠኝ

10

dez

አስር

11

onze

አስራ አንድ

12

doze

አስራ ሁለት

13

treze

አስራ ሶስት

14

catorze

አስራ አራት

15

quinze

አስራ አምስት

16

dezasseis

አስራ ስድስት

17

dezassete

አስራ ሰባት

18

dezoito

አስራ ሰስምንት

19

dezanove

አስራ ዘጠኝ

20

vinte

ሃያ

100

cem

መቶ

1.000

mil

ሺህ

1.000.000

milhão

ሚሊዮን

idiomas
ቋንቋዎች

inglês

እንግሊዝኛ

inglês americano

የአሜሪካ እንግሊዝኛ

chinês mandarim

የ ይና ማንዳሪን

hindi

ሂንዱ

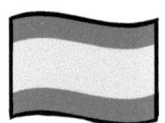

espanhol

ስፓኒሽ

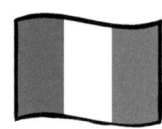

francês

ፍሬንች

árabe

አረብኛ

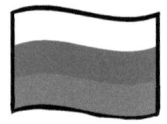

russo

ራሺያኛ

português

ፖርቱጊዝ

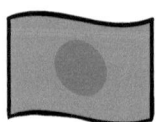

bengalês

ቤንጋሊ

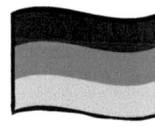

alemão

ጀርመን

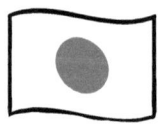

japonês

ጃፓንኛ

quem / o quê / como

ማን/ ምን/ እንዴት

eu

እኔ

tu

አንተ

ele / ela

እሱ/ እርሷ/ እቃው

nós

እኛ

vós

አንተ

eles / elas

እነርሱ

quem?

ማን?

o quê?

ምን?

como?

እንዴት?

onde?

የት?

quando?

መቼ?

nome

ስም

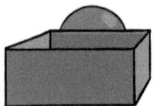

onde

የት

atrás

በስተጀርባ

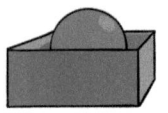

em

ዉስጥ

à frente de

ከፊት ለፊት

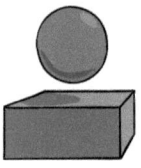

sobre

ከላይ

em cima

ላይ

debaixo

ከስር

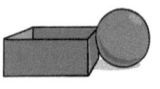

ao lado

አጠገብ

entre

መሃከል

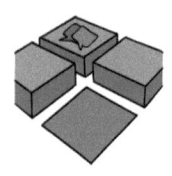

lugar

ቦታ